Mis pequeños cuadernos de **NATURALEZA**

Yo sé reconocer **los animales salvajes**

Texto: Sandra Lebrun
Ilustraciones: Mary Gribouille

LAROUSSE

Cómo utilizarlo

Tamaño
hasta 1,5 m
en la cruz

Peso
medio
150 kg

Longevidad
15 años

Alimentación
Herbívoro

CIERVO

¡Mi bramido se oye a muchos kilómetros!

Su cornamenta puede alcanzar los 71 cm. ¡Crece 2 cm cada día!

A diferencia del macho, la hembra no tiene cornamenta.

Pega aquí el adhesivo del animal cuando veas una pista suya

Fecha:
Lugar:

Una especie gregaria*

El ciervo siempre vive en grupos y puede ir acompañado de varias decenas de hembras. Cada hembra cuida de sus crías. Abandonan el bosque al atardecer o por la noche, cuando la actividad humana disminuye.

*que vive en grupo

PISTAS

El ciervo se frota en la corteza de los árboles o la mordisquea

Huella

Cada año el ciervo pierde la cornamenta, que vuelve a aparecer

¡Escucha el sonido del animal gracias al código QR!

Escúchalo

¡Pega el adhesivo del animal cuando veas una pista suya!

Y anota la fecha y el lugar de identificación.

6

Sumario

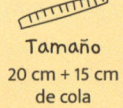

Tamaño
20 cm + 15 cm
de cola

Peso
600 g

Longevidad
7 años

Alimentación
Semillas, bellotas,
avellanas

ARDILLA

Escúchala

¿Lo sabías?
En invierno aparecen
unos penachos
de pelo en sus orejas.
¡Así se ven mejor!

Estoy escondiendo
mis semillas para
este invierno,
espero que nadie
me esté viendo.

Nido acogedor

El nido de la ardilla mide
aproximadamente 50 cm.
La entrada se orienta hacia
abajo. Está hecho de
ramitas, hojas,
musgo... ¡A veces
construye su nido entre las
contraventanas
y ventanas de las casas!

PISTAS

Huellas

Piñas
mordisqueadas

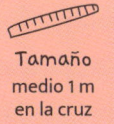

Tamaño
medio 1 m
en la cruz

Peso
150 kg

Longevidad
10 años

Alimentación
Omnívoro,
come de todo

JABALÍ

¿Lo sabías?
La hembra
del jabalí se
conoce como
jabalina.

Escúchalo

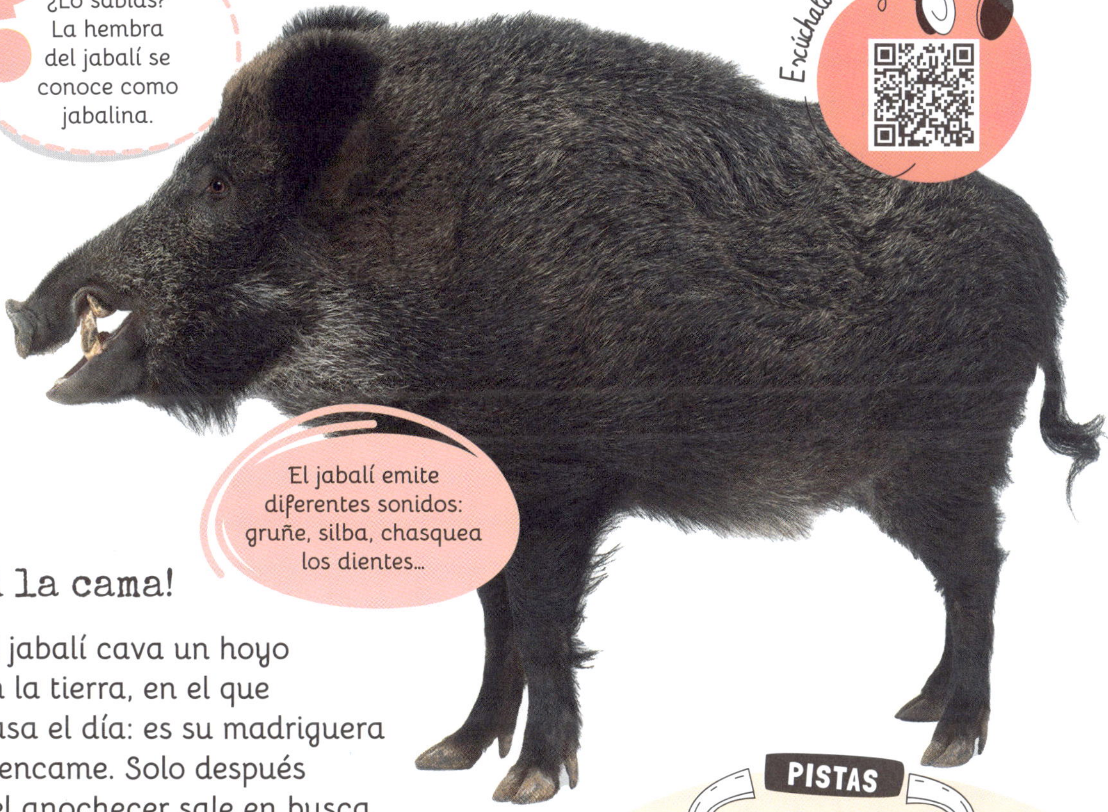

El jabalí emite
diferentes sonidos:
gruñe, silba, chasquea
los dientes...

¡A la cama!

El jabalí cava un hoyo
en la tierra, en el que
pasa el día: es su madriguera
o encame. Solo después
del anochecer sale en busca
de comida.

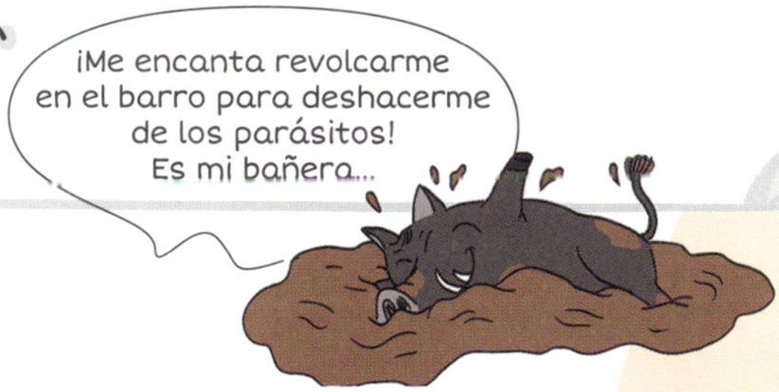

¡Me encanta revolcarme
en el barro para deshacerme
de los parásitos!
Es mi bañera...

PISTAS

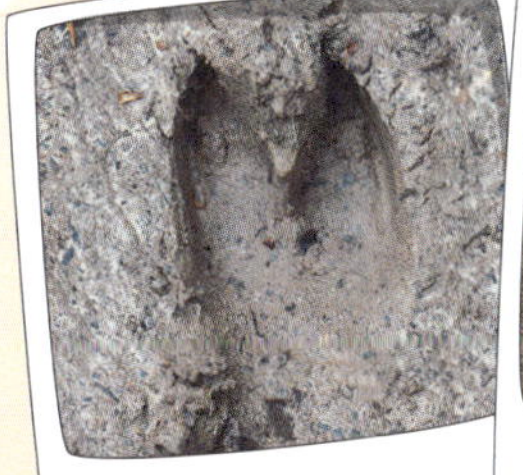

Huella

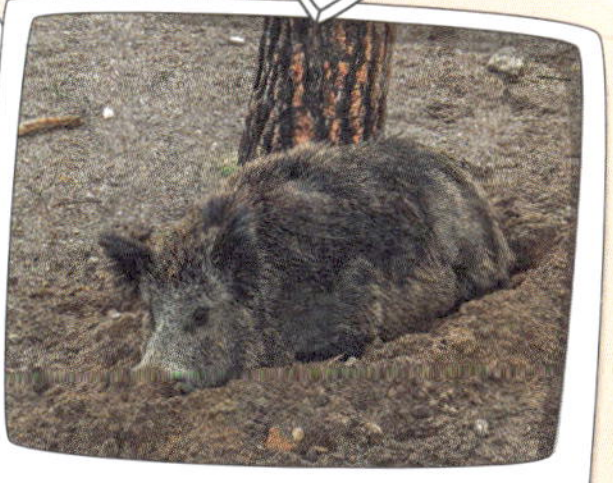

Hueco en el suelo:
encame o revolcadero

Tamaño	Peso	Longevidad	Alimentación
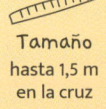 hasta 1,5 m en la cruz	 medio 150 kg	 15 años	Herbívoro

CIERVO

¡Mi bramido se oye a muchos kilómetros!

Su cornamenta puede alcanzar los 71 cm. ¡Crece 2 cm cada día!

Pega aquí el adhesivo del animal cuando veas una pista suya

Fecha:
Lugar:

Una especie gregaria*

El ciervo siempre vive en grupos y puede ir acompañado de varias decenas de hembras. Cada hembra cuida de sus crías. Abandonan el bosque al atardecer o por la noche, cuando la actividad humana disminuye.

*que vive en grupo

A diferencia del macho, la hembra no tiene cornamenta.

Encúchalo

PISTAS

El ciervo se frota en la corteza de los árboles o la mordisquea

Huella

Cada año el ciervo pierde la cornamenta, que vuelve a aparecer

| Tamaño en promedio 65 cm en la cruz | Peso medio 20 kg | Longevidad 15 años | Alimentación Herbívoro |

CORZO

¿Lo sabías?
El corzo no tiene cola, sino un pequeño mechón de pelo. Cuando lo levanta, aparece una mancha blanca que indica a los demás que deben huir.

Escúchalo

La forma de su cuerpo y las pezuñas puntiagudas le permiten saltar a gran altura. ¡Puede dar saltos de 2 m!

¡Menudos gritos!

Los corzos adultos se comunican a distancia emitiendo «ladridos». La cría emite sonidos más discretos. ¡El corzo también puede bramar, gemir e incluso eructar o simular una carcajada!

PISTAS

¡Sus pequeños crementos parecen cagarrutas!

Huellas

Excrementos de forma oval

 Tamaño 40 cm en la cruz	 Peso medio 7 kg	Longevidad 4 años	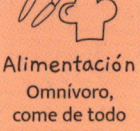 Alimentación Omnívoro, come de todo

ZORRO

Pega aquí el adhesivo del animal cuando veas una pista suya

Fecha:

Lugar:

¡Su cola, larga y tupida, puede medir hasta 50 cm! Eso es más de la mitad del tamaño de su cuerpo.

¿Lo sabías? Cuando dos zorros se acercan, emiten de 3 a 5 veces el sonido «uou».

¡Esta es mi casa!

Para marcar su territorio, el zorro utiliza glándulas que secretan un olor, pero también su orina. Se revuelca en ella y luego se frota contra piedras, arbustos, matas de hierba y tocones, dejando su olor en todo.

Escúchalo

¡En la fábula de Esopo, halago a un cuervo para que suelte un trozo de queso de su pico!

PISTAS

Huellas

Excrementos con huesos de frutos

Tamaño	Peso	Longevidad	Alimentación

40 cm	500 g	18 años	roedores, peces, reptiles, insectos...

CÁRABO

El cárabo caza de noche, pero también de día. ¡Gracias a sus poderosas y afiladas garras, captura a su presa en pleno vuelo!

¡Puaj! ¡Los huesos y los pelos no son fáciles de digerir!

Escúchalo

¡Un gran cazador!

El cárabo tiene unas características ideales para cazar eficazmente de noche: su vista y su oído eficientes, así como un vuelo silencioso. Y gracias a su plumaje, que le permite camuflarse entre las ramas, acecha a sus presas con total tranquilidad.

PISTAS

Pluma

Egagrópila

Juegos

Animales del bosque

1 Observa este jabalí y encuentra la sombra que le corresponde.

2 Con los adhesivos, completa la foto y descubre la cabeza de un cárabo joven.

3 Ayuda a la ardilla a recuperar sus avellanas antes de regresar al nido.

4 Colorea simétricamente las casillas para descubrir el gran ciervo que te está mirando.

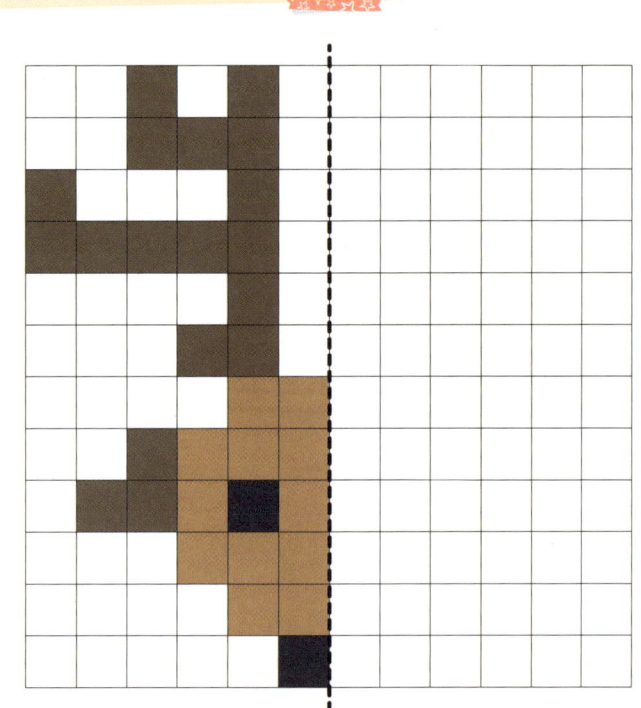

5 Avanza cada letra un lugar en el orden alfabético para descubrir la frase que describe esta foto.

A = B

B = C…

Z = A.

Escribe la frase sobre la línea de puntos.

DK   YÑQQÑ   DRSZ   DRBÑMCHCÑ   DM   KZ   LZCQHFTDQZ.

En algunos animales hay una palabra para el macho y otra para la hembra, como «caballo» y «yegua». Y a veces, algunas crías tienen otro nombre. Pero nunca dura mucho, porque pronto alcanzan la edad adulta.

¡El corcino se convierte en adulto al año!

Las crías

Corcino

La cría del corzo, o corcino, presenta el pelaje manchado durante los dos meses siguientes a su nacimiento. Las manchas están alineadas, a diferencia de las del cervatillo o cría del ciervo.

¡A los nueve meses ya es adulto!

¡Al nacer solo pesa 10 g!

Ardilla

En el caso de la ardilla, la hembra y la cría no tienen un nombre especial. La madre amamanta a sus crías durante dos meses. El primer pelaje aparece a los diez días. A los veinte días, el pelaje ya es espeso y empieza a oír alrededor del día 25. ¡Al mes, abre los ojos!

Zorrezno

La cría del zorro, o zorrezno, tiene un pelaje gris, y después de dos semanas adquiere un color marrón chocolate. Al mes se vuelve rojizo. Es entonces cuando los pequeños se empiezan a ver y a salir de la madriguera.

Jabato

La jabalina tiene de dos a diez jabatos por camada. Nacen perfectamente despabilados, con los ojos bien abiertos. La madre los amamanta hasta los cuatro meses y son independientes a los seis meses. Durante este período los jabatos pierden sus rayas.

Tamaño
medio
25 cm

Peso
medio 800 g

Longevidad
Unos 5 años

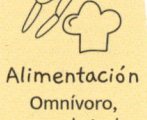
Alimentación
Omnívoro,
come de todo

ERIZO

Fecha:

Lugar:

Escúchalo

¿Lo sabías?
¡Un erizo adulto tiene entre 5000 y 7500 púas! En realidad, son pelos y miden unos 2 o 3 cm.

¡A dormir!

Cuando llega el invierno, el erizo hiberna. A principios de otoño, prepara un nido con hojas muertas y se enrolla en él formando una bola para dormir. Se despertará un par de veces, pero vivirá principalmente de las reservas de grasa acumuladas en su cuerpo durante el verano.

Gracias a su desarrollado olfato, ¡puede detectar su comida hasta 3 cm por debajo del suelo!

PISTAS

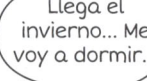
Llega el invierno... Me voy a dormir...

Huellas

Excrementos granulosos, negros y brillantes

Tamaño	Peso	Longevidad	Alimentación

Unos 13 cm	Unos 100 g	5 años	Insectos y lombrices

TOPO

Pega aquí el adhesivo del animal cuando veas una pista suya

Fecha:

Lugar:

Su hocico puntiagudo es muy sensible y permite que sienta lo que encuentra.

¿Lo sabías? Sus patas anteriores están cubiertas de callosidades. Parecen palas con cinco dedos y garras poderosas.

La despensa

Cada día, el topo debe comer el equivalente a la mitad de su peso. Si no encuentra nada, puede morir de hambre en menos de 12 horas. Para evitar quedarse sin comida, el topo paraliza las lombrices y las guarda con cuidado en el fondo de su galería.

No veo muy bien, pero mi olfato es muy fino

PISTA

Topera; la alineación de las toperas permite seguir la galería de un topo

15

Tamaño
Hasta 70 cm, 30 cm en la cruz; orejas de 15 cm

Peso
medio 5 kg

Longevidad
12 años

Alimentación
Herbívoro (plantas, bayas, vegetales)

LIEBRE

Fecha:

Lugar:

La liebre se diferencia del conejo. Tiene las orejas más largas, y la cabeza y el iris de los ojos son amarillentos.

¡Puedo alcanzar 80 km por hora!

¡La liebre puede dar saltos de 2 metros de altura!

¿Un nido de liebre?

A diferencia del conejo, la liebre no vive en una madriguera. Descansa en un agujero en el suelo, una especie de nido llamado encame. Aquí es donde la liebre protege a sus crías: los lebratos. Al nacer ya tienen pelo y ven.

PISTAS

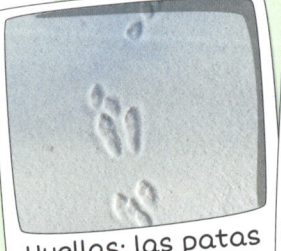

Huellas; las patas posteriores son muy largas

Excrementos de liebre, de aproximadamente 1,5 cm

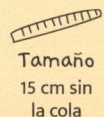 Tamaño 15 cm sin la cola	 Peso máximo 140 g	 Longevidad 4 años	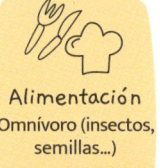 Alimentación Omnívoro (insectos, semillas...)

LIRÓN CARETO

Escúchalo

Las crías nacen ciegas, todas rosadas, y solo miden 4 cm.

¡Qué jaleo!

Las pistas para detectar a un lirón careto no son fáciles de encontrar, ya que sus pequeños excrementos se parecen mucho a los de otros roedores. Sin embargo, podrás oírlo fácilmente: por la noche corretea por el desván, mordisquea pan duro y, sobre todo, emite chillidos muy muy agudos.

¿Lo sabías?
Pasa el día durmiendo en el hueco de un árbol, en un nido de pájaro o escondido en una casa.

¿Te he despertado?

PISTAS

Pan mordisqueado

Fruta mordisqueada por un roedor

Tamaño
medio 9 cm

Peso
máximo 30 g

Longevidad
máxima
2 años

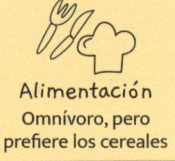
Alimentación
Omnívoro, pero
prefiere los cereales

Pega aquí
el adhesivo del
animal cuando
veas una
pista suya

Fecha:

Lugar:

RATÓN DOMÉSTICO

Los recién nacidos
son diminutos:
¡solo pesan
un gramo!

Sus excrementos
parecen pequeños
granos de arroz negros
puntiagudos. Miden
de 3 a 6 mm.

¡Familia numerosa!

Una hembra tiene una media de
diez camadas al año. Las crías
nacen después de unos veinte
días de gestación: son alrededor
de diez, entre machos y
hembras. Calcula: ¡son cien crías
de ratón al año!

Escúchalo

¡Genial!
¡Me encantan
los regalos!

PISTAS

Agujero en el
saco de harina

Agujero en una pared

Tamaño medio 75 cm	Peso medio 10 kg	Longevidad 15 años	Alimentación Omnívoro (insectos, frutos...)

TEJÓN

Pega aquí el adhesivo del animal cuando veas una pista suya

Fecha:

Lugar:

?

Sus excrementos desprenden un olor bastante fuerte. Por suerte, defeca en pequeños agujeros en forma de embudo.

¿Lo sabías?
El tejón incluso come serpientes.
¡Es inmune al veneno de las víboras!

¡Un jugador!

Los más jóvenes, pero también los adultos, ruedan, se persiguen, se empujan, se tumban en el suelo o intentan trepar a los árboles. También emiten gritos que a veces suenan como una risita.

PISTAS

Tejón saliendo de su madriguera

Huella

Animales del jardín

1 Colorea cada casilla siguiendo el código de color.

2 **Pega cada cría al lado del adulto que le corresponde.**

Ratón

Pega aquí el adhesivo de la cría que le corresponde a este adulto.

Erizo

Pega aquí el adhesivo de la cría que le corresponde a este adulto.

Liebre

Pega aquí el adhesivo de la cría que le corresponde a este adulto.

3 **Descifra este jeroglífico para entender lo que dice el lirón careto.**

Juegos

4 Coge una hoja de papel y un lápiz.
Sigue estos pasos para aprender a dibujar un ratón.

1.    2.    3.    4.

5.    6.    7.    8.

5 Encuentra el nombre de cada animal y escríbelo en el crucigrama.

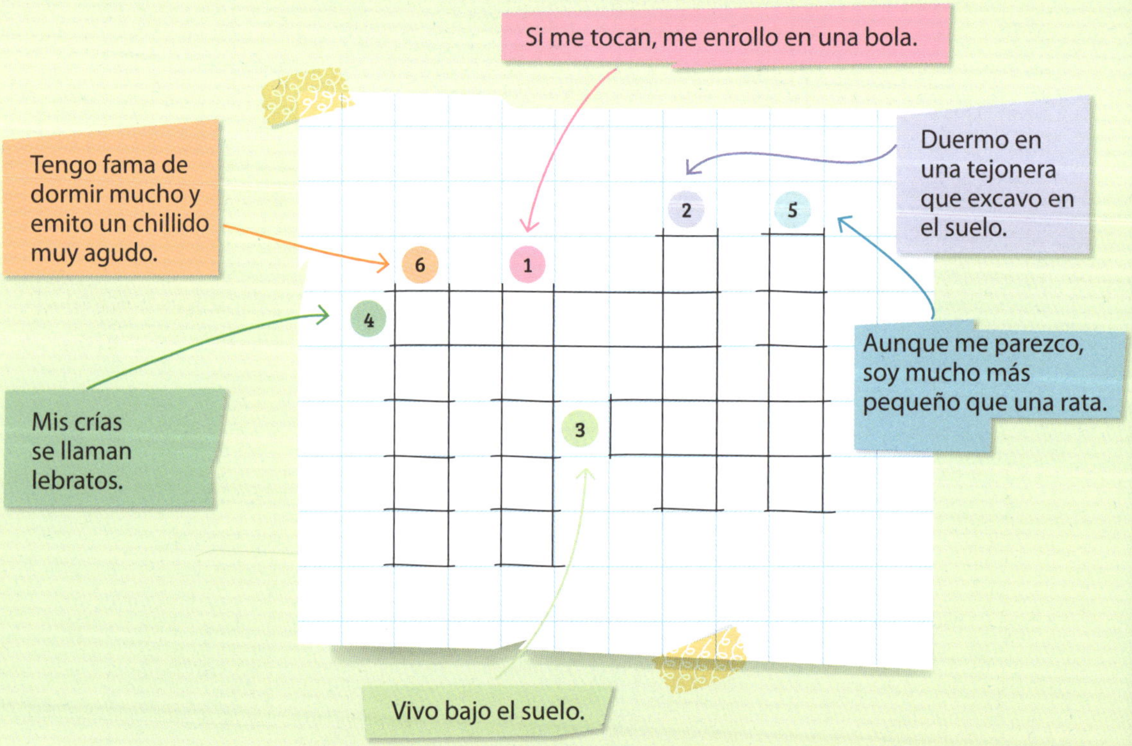

Si me tocan, me enrollo en una bola.

Duermo en una tejonera que excavo en el suelo.

Tengo fama de dormir mucho y emito un chillido muy agudo.

Aunque me parezco, soy mucho más pequeño que una rata.

Mis crías se llaman lebratos.

Vivo bajo el suelo.

Comadreja

Las comadrejas tienen el inconveniente de que atacan a las gallinas, pero liberan el jardín de ratas y topillos.

Cucú, cantaba la rana, cucú, debajo del agua...

Los jardines están habitados por muchos animales. Algunos pueden parecernos molestos, pero, sin embargo, ¡nos son de gran utilidad!

Animales útiles en el jardín

La lagartija es un depredador de insectos.

Y también una presa para los erizos.

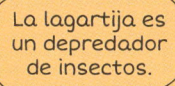

Lagartija roquera

¡El sapo es el amigo de los jardineros!

¡En una noche come más de 1000 mosquitos!

Murciélago

El murciélago es insectívoro. Al caer la noche sale a cazar y se alimenta de mariposas, moscas y, sobre todo, mosquitos. Aunque es muy pequeño, tiene mucho apetito.

La lagartija se alimenta de muchos insectos que se encuentran en el jardín. Atrapa moscas, arañas, orugas, pulgones, pequeñas babosas... La lista es larga.

Sapo

El sapo no ataca el huerto. Prefiere alimentarse de babosas, orugas, larvas y cochinillas.

El túnel de las huellas

¿Te preguntas qué animales viven en tu jardín?
Haz un túnel de huellas e investígalo,
intentando identificar todos los rastros
que encuentres.

1 Recorta una abertura en el lado pequeño de la primera caja. Retira todo el lado opuesto a esta abertura. Haz lo mismo en la otra caja. Une las dos cajas por los dos lados que has retirado pegándolas con cinta adhesiva.

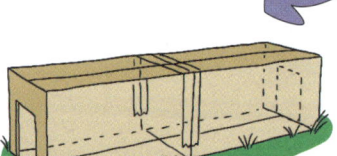

2 En un bol, mezcla el carbón en polvo y el aceite hasta obtener una «tinta» bien coloreada. Puedes sustituir el carbón por polvo de mina de lápiz. Corta cada esponja por la mitad. Empapa las mitades con la tinta.

3 Llena el plato pequeño con trozos de frutas y verduras. Pon el plato en medio del túnel de cartón que previamente has sacado al jardín. Dispón las esponjas rodeando el plato. Coloca dos hojas de papel en cada extremo del túnel.

4 Los animales entrarán en el túnel y mordisquearán la comida. Pisarán las esponjas empapadas de tinta, y al salir dejarán huellas.

5 Cada mañana, saca las hojas de papel para descubrir las huellas de los pequeños visitantes de tu jardín. Ahora solo falta identificarlas.

¡Investiga las egagrópilas!

El cárabo, como otras aves rapaces, se traga a su presa, la digiere y más tarde regurgita una egagrópila. Contiene todos los elementos duros e indigeribles de su comida. Si encuentras una, diviértete diseccionándola para averiguar su menú…

Egagrópila

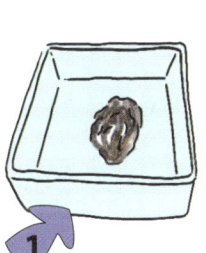

2

3

1

Pon la egagrópila en una caja.

¡Qué asco! Es repugnante… ¡pero muy interesante!

Deshaz la egagrópila con las pinzas. Si está demasiado dura, vierte un vaso de agua para ablandarla.

Separa todas las cosas que encuentres (pelos, huesos…) y colócalas en un plato.

¡Me ha encantado esta actividad!

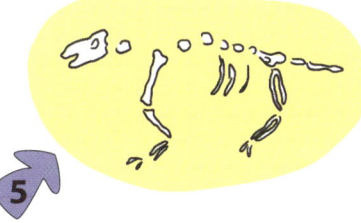

4

5

Examina con tu lupa para intentar identificar todas las pistas de esta suculenta comida. Puede haber vértebras, cráneos, mandíbulas, costillas, fémures…

Ahora que ya lo tienes todo ordenado, intenta reconstruir el esqueleto de un animal. Con un poco de suerte podrás encontrar un ratón completo. Coloca los huesos uno a uno sobre una hoja de papel, y cuando estén secos, pégalos.

 Tamaño 80 cm en la cruz; 1,5 m del hocico a la cola	 Peso medio 80 kg	Longevidad 20 años	 Alimentación Herbívoro

Fecha:

Lugar:

CABRA MONTÉS

¿Lo sabías? A diferencia de los machos, las hembras tienen cuernos pequeños y sin protuberancias, que no superan los 20 cm.

¡La cabra montés come cada día hasta 20 kg de gramíneas y otras plantas!

¡Unos cuernos impresionantes!

Sus cuernos son largos y están curvados hacia atrás. Su tamaño nos permite estimar su edad. Cuando miden 20 cm, el animal tiene dos años. A los tres años miden 30 cm. A los cuatro años alcanzan los 50 cm. Y cuando superan los 60 cm, el animal tiene más de cinco años.

¡Es práctico para rascarse!

PISTAS

Huella, forma alargada

Excrementos aglomerados

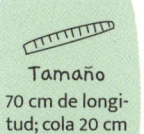 Tamaño 70 cm de longitud; cola 20 cm	 Peso 6 kg	 Longevidad 10 años	 Alimentación Herbívoro

MARMOTA

Fecha:

Lugar:

¡Pffiiit! ¡Escondeos, hay un peligro!

Come mucho para acumular reservas para el invierno. Incluso llega a mordisquear una pequeña babosa o un caracol.

¿Lo sabías? Hacia el mes de octubre, cuando las temperaturas bajan, las marmotas se preparan para su hibernación, que durará hasta abril.

Escúchala

¡Una amplia habitación!

Durante el día, la marmota recorre los prados en busca de alimento; pero el resto del tiempo vive en una madriguera. Los túneles miden varias decenas de metros. Su cámara principal es muy grande: ¡mide un metro cúbico, es decir, un metro de cada lado y un metro de alto!

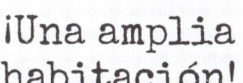
PISTAS

Huellas

Marmota en la entrada de su madriguera

Tamaño
1,30 m; 75 cm
en la cruz

Peso
30 kg

Longevidad
media 15 años;
máxima 25 años

Alimentación
Herbívoro

REBECO

¿Lo sabías?
El rebeco vive entre
montañas y peñascos.
Es un excelente
escalador y le encanta
la nieve. ¡Incluso se
tumba en ella!

Escúchalo

Puedes observar
rebecos en la
Cordillera
Cantábrica y los
Pirineos.

¡Bien calentito!

Hace frío en las montañas;
afortunadamente,
el rebeco tiene dos tipos
de pelaje. Vemos
especialmente su pelo basto,
que mide de 2 a 10 cm. Pero
debajo, pegado al cuerpo, tiene
una pelusa. Es una capa
lanosa que lo protege como un
abrigo.

PISTAS

Huellas
en forma
triangular

Excrementos redondo
u ovalados, de pardo
negruzcos a grisáceo

Tamaño máximo 90 cm; envergadura 125 cm	Peso 4 kg	Longevidad 10 años	Alimentación Omnívoro (insectos y plantas)

  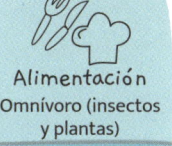

Pega aquí el adhesivo del animal cuando veas una pista suya

Fecha:

Lugar:

UROGALLO

Los polluelos comen principalmente insectos. Luego, hacia las once semanas de edad, se alimentan como los adultos: brotes, bayas, plantas y acículas de coníferas.

Escúchalo

Esta ave es una gallinácea, como las gallinas. Vive en bosques de coníferas.

El lugar del canto...

Para seducir a la hembra, el macho se instala en un lugar de canto y parada nupcial con la cola desplegada, las alas colgando, el cuello hinchado y erguido, y las plumas de la barba erizadas, y emite sonidos divertidos: «te-lep», «pocfoc», «dyedye». La hembra elige el gallo que más le ha impresionado.

Me encanta cuando me recuerdas el sonido de una sierra.

PISTAS

Plumas de la hembra

De 6 a 9 huevos morenos manchados

Tamaño de pie: 2 m como máximo; 1,10 m en la cruz	Peso máximo 300 g	Longevidad 30 años	Alimentación Omnívoro

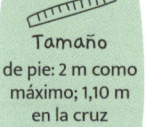

OSO PARDO

Pega aquí el adhesivo del animal cuando veas una pista suya

Fecha:

Lugar:

Escúchalo

¡Un oportunista*!

Al contrario de lo que podría creerse, el oso pardo se alimenta principalmente de plantas: frutos, plantas, tubérculos, etc. Solo el 20% de su dieta es de origen animal (insectos, ranas, pequeños roedores, etc.). Su elección depende sobre todo de lo que encuentre a lo largo de las estaciones.

* que come lo que encuentra

Los oseznos son muy pequeños: ¡solo pesan 300 g al nacer!

¿Lo sabías? El oso pardo pasa el invierno en una pequeña cueva. Pero si hace buen tiempo, no duda en despertarse para pasear por su osera.

No veo muy bien, pero tengo un oído muy fino y un olfato muy desarrollado.

PISTAS

Marcas de garras o de dientes en los troncos

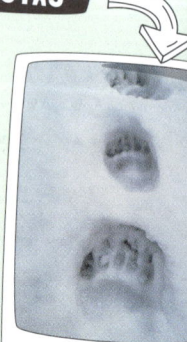

Huellas

 Tamaño medio 70 cm en la cruz	 Peso máximo 35 kg	Longevidad 15 años	 Alimentación Carnívoro

LOBO

Pega aquí
el adhesivo del
animal cuando
veas una
pista suya

Fecha:

Lugar:

Escúchalo

¿Lo sabías?
El lobo se comunica
principalmente aullando:
aúlla para reunir a
la manada y advertir
a otros miembros
de un peligro.

El pelaje puede ser muy
diferente de un lobo a
otro. Los pelos varían
del blanco al negro,
pasando por diferentes
tonalidades de gris.

La manada

El lobo no es solitario, sino
que vive en manada. La
pareja que ha fundado el
grupo es la única que tiene
crías. A los dos meses,
el cachorro deja de mamar
y come la carne previamente
masticada por los adultos.
Luego aprende a cazar,
como un adulto.

PISTAS

Huella

Excremento con restos
de pelos de rebeco

Animales de la montaña

1 Con tus adhesivos, reconstruye la imagen para descubrir el nombre de la hembra del urogallo.

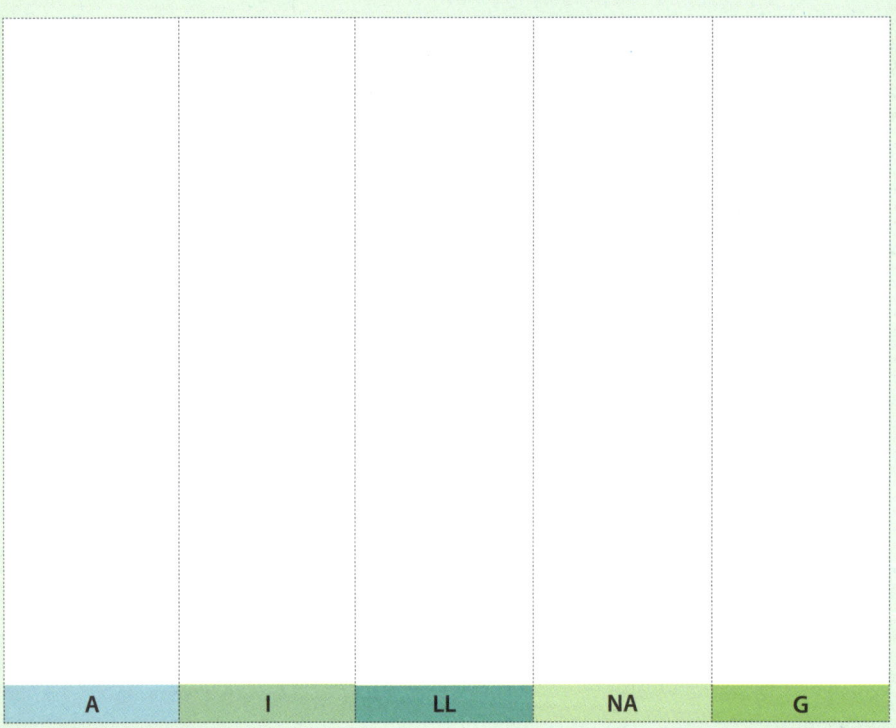

| A | I | LL | NA | G |

La _____ .

2 Colorea las casillas siguiendo las instrucciones y ayuda a la cabra montés a bajar de la montaña para reunirse con su hembra y su cría.

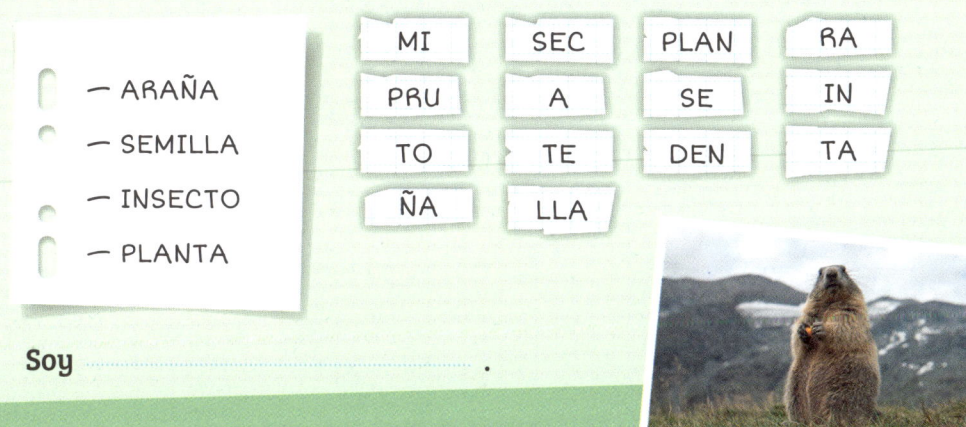

3 Tacha las casillas que te permiten escribir la comida de la marmota y completa la frase con las sílabas restantes.

MI	SEC	PLAN	RA
PRU	A	SE	IN
TO	TE	DEN	TA
ÑA	LLA		

— ARAÑA

— SEMILLA

— INSECTO

— PLANTA

Soy ....

Juegos

4 Une los puntos en orden creciente para descubrir al lobo aullando.

5 Sigue las huellas del oso para guiar a la osa y sus oseznos hasta las bayas.

Oso pardo

Hacia 1990, solo quedaban unos 50 ejemplares en la Cordillera Cantábrica y había desaparecido en los Pirineos. La protección y la reintroducción de ejemplares ha permitido que su número haya aumentado, y hoy en día ya hay más de 400 ejemplares entre ambas poblaciones.

¡Espero que haya muchos oseznos este año!

Animales protegidos

Lobo

Se estima que el número de lobos que viven en España es de unos 2500 ejemplares, la gran mayoría de ellos en Galicia, Asturias y Castilla y León. La prohibición de su caza desde septiembre de 2021 y la llegada de nuevos ejemplares procedentes de Francia ha ayudado a su incremento.

Lince

A principios de siglo quedaban menos de cien ejemplares en libertad, pero el programa de conservación de la especie ha permitido que en 2021 se contaran más de 1300 ejemplares, distribuidos por Andalucía, Castilla-La Mancha y Extremadura. De todos modos, sigue estando en peligro de extinción. Sus principales peligros son los atropellos, los envenenamientos y el cambio climático.

Tamaño	Peso	Longevidad	Alimentación
Cuerpo 1 m, cola 30 cm	medio 25 kg	máximo 10 años	Herbívoro (frutos, hojas)

CASTOR

Pega aquí el adhesivo del animal cuando veas una pista suya

Fecha:

Lugar:

Escúchalo

¡Me quedaré a tu lado toda la vida!

¡Dientes curiosos!

Sus incisivos están muy afilados, y gracias a ellos tala árboles para alimentarse. La corteza de los árboles contiene un tanino que colorea el esmalte dental y por esto son completamente anaranjados.

La cola mide unos 16 cm de ancho.

¿Lo sabías?
La cola le sirve de herramienta, como propulsor y timón. Y en ella almacena su reserva de grasas para el invierno.

PISTAS

Dique

Árbol roído por un castor

Huella

	Tamaño Cuerpo 50 cm, cola 35 cm	 Peso medio 6 kg	 Longevidad máximo 10 años	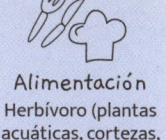 Alimentación Herbívoro (plantas acuáticas, cortezas, raíces...)

Pega aquí el adhesivo del animal cuando veas una pista suya

Fecha:

Lugar:

COIPO

Escúchalo

Tengo unos bonitos dientes naranja.

¿Lo sabías?
La cola del coipo es larga y estrecha, a diferencia de la del castor, que es ancha y plana.

El coipo cava su madriguera en las orillas. ¡Puede llegar a medir 7 m de largo!

¡Un buen nadador!

Cuando nada, no tiene miedo de que le entre agua en los oídos o en los ojos. De hecho, al igual que el hipopótamo, estos órganos se encuentran en lo alto del cráneo. Además, si decide bucear, solo necesita cerrar sus fosas nasales mediante pequeñas válvulas.

PISTAS

Cráneo de coipo

Coipo en la entrada de su madriguera en una orilla

| 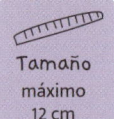 Tamaño máximo 12 cm |  Peso máximo 20 g | 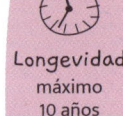 Longevidad máximo 10 años | 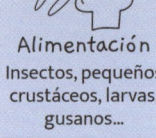 Alimentación Insectos, pequeños crustáceos, larvas, gusanos... |

RANA

Pega aquí el adhesivo del animal cuando veas una pista suya

Fecha:

Lugar:

¿Lo sabías?
La rana tiene la sangre fría. Por eso, cuando hace calor, busca un lugar fresco, y cuando hace más frío, se calienta al sol.

Escúchala

La rana no bebe agua; solo la absorbe a través de la piel.

¡Qué jaleo!

A ambos lados de la boca, el macho tiene unos sacos vocales que se inflan como globos de chicle. Cuando canta, estos globos amplifican considerablemente el volumen de su croar. ¡Durante la época de reproducción, los machos se vuelven muy ruidosos!

Mis patas posteriores están muy musculadas.

PISTAS

Huevos de rana

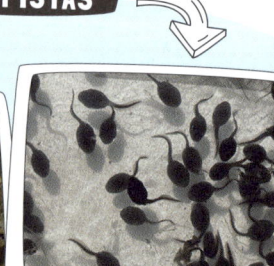

Renacuajos

Tamaño Cuerpo 1,5 m de largo, 30 cm en la cruz 	**Peso** medio 10 kg	**Longevidad** 9 años 	**Alimentación** Carnívoro (peces, batracios, cangrejos) 

NUTRIA

Pega aquí el adhesivo del animal cuando veas una pista suya

Fecha:

Lugar:

Escúchala

¿Lo sabías? ¡La nutria puede permanecer hasta 8 minutos bajo el agua sin respirar!

Su cola es gruesa y se estrecha hacia la punta. Mide unos 35 cm.

¡Un gran abrigo!

Sobre la piel, la nutria tiene un pelo lanoso, que atrapa burbujas de aire y la protege del frío. Por encima tiene una capa exterior de pelos aceitosos e impermeables. ¡Es perfecto para meterse en el agua!

¡Estoy empapada por fuera, me voy a secar!

PISTAS

Excrementos pegajosos, con olor a pescado

Huellas

Tamaño máximo 20 cm	Peso unos 40 g	Longevidad 20 años	Alimentación Carnívoro (insectos, arañas, gusanos)

  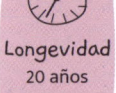 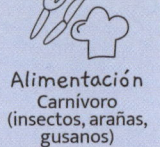

SALAMANDRA

Pega aquí el adhesivo del animal cuando veas una pista suya

Fecha:

Lugar:

¿Lo sabías?
La salamandra tiene unos pulmones pequeños, pero respira sobre todo a través de la piel.

Parece una lagartija. Pero a diferencia de este reptil, no tiene garras ni escamas.

¡Cuidado, quema!

La salamandra se mueve muy lentamente. Su mejor defensa es el veneno lechoso. Sale por los poros de su piel y por unos agujeros que tiene en la cabeza, justo detrás de los ojos. Este veneno provoca pequeñas quemaduras, así que no la toques.

PISTAS

No la confundas con el tritón jaspeado

Larva de salamandra

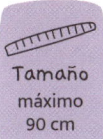 Tamaño máximo 90 cm	 Peso máximo 300 g	 Longevidad unos 3 años	 Alimentación Carnívoro (ranas, sapos, renacuajos)

CULEBRA VIPERINA

Pega aquí el adhesivo del animal cuando veas una pista suya

Fecha:

Lugar:

¿Lo sabías?
Aunque parece una víbora, la serpiente viperina no tiene veneno. No es peligrosa para los humanos.

La culebra es ovípara: pone huevos.

¡Una buena nadadora!

La culebra viperina adora el agua. A menudo la vemos nadando en estanques, lagos, pequeños arroyos... e incluso en piscinas. ¡No duda en sumergirse y puede permanecer bajo el agua más de 15 minutos sin respirar!

PISTAS

¡Me parezco a una víbora para asustar a los depredadores!

Muda de piel de culebra

La pupila es redonda, mientras que la de una víbora es una hendidura vertical, como la de los gatos

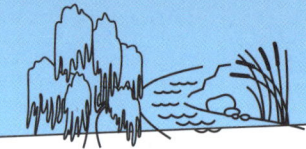

Animales acuáticos

1 **Pega cada animal encima de la pista que le corresponde.**

Pega aquí el adhesivo del animal que corresponde a la pista.	Pega aquí el adhesivo del animal que corresponde a la pista.	Pega aquí el adhesivo del animal que corresponde a la pista.

Construyo diques.

Como peces.

Tengo los dientes de color naranja y la cola estrecha.

2 **Sigue el hilo de cada letra para completar la frase.**

A   S   A   O   B   B   S

Me encantan las

_ _ _ _ _ _ _ .

3 Dibuja un animal siguiendo el orden de las flechas. ¿Lo has reconocido?

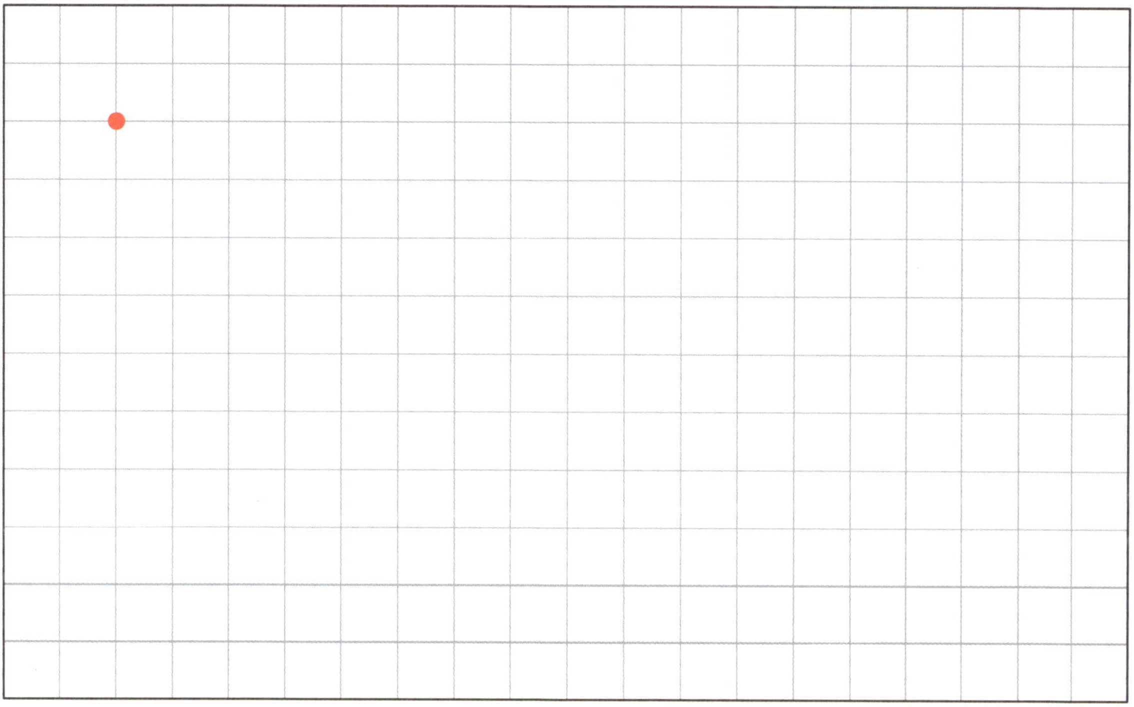

3→ 7↓ 2→ 4↑ 4→ 4↓ 2→ 2↑ 3→ 2↓ 2→ 1↓ 3←
2↑ 1← 2↓ 4← 4↑ 2← 4↓ 4← 6↑ 2← 2↑

4 Observa estas nutrias y encuentra la única que no tiene doble.

Cuando hace calor...

Los animales a veces tienen dificultades para encontrar agua para refrescarse. Tú puedes ayudarlos...

Como tú, los animales a veces tienen demasiado calor o demasiado frío, por lo que buscan agua o refugio. Aquí puedes ver dos acciones sencillas para ayudarlos que puedes aplicar en tu jardín.

1

2

3

...loca un recipiente ...n agua que no sea demasiado ...profundo en un ...rincón tranquilo de tu jardín.

Pon una piedra en el medio y uno o dos trozos de madera para que los animales muy pequeños no se ahoguen. Deben poder salir del recipiente de forma segura.

Recuerda vaciar el recipiente todos los días y volverlo a llenar con agua limpia. Gracias a ti, pájaros, ardillas, erizos… e incluso abejas podrán saciar su sed.

¡Ayuda a los animales!

¡Aquí está tu casita!

Reúne un montón de hojas muertas y colócalas junto a una pared.

Añade ramitas.

Coloca una caja contra la pared y bloquéala con algunas piedras para que no se mueva. Este refugio será un verdadero hogar para el erizo y la jaula lo protegerá de los gatos demasiado curiosos.

1   **2**   **3**

Cuando hace frío...

Cuando bajan las temperaturas, el erizo busca un refugio pequeño y bien aislado. Puedes ayudarlo...

Soluciones de los juegos

Animales del bosque

1

2

3

4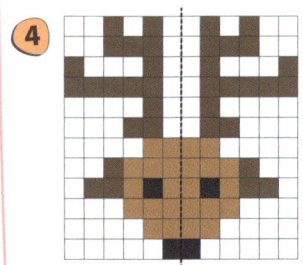

5 El zorro está escondido en su madriguera.

Animales del jardín

1

2

Ratón

Erizo

Liebre

3 El lirón careto dice: «**He perdido la máscara del Zorro**». (H – E – per – di – do – la - más - cara - de - l - zorro).

5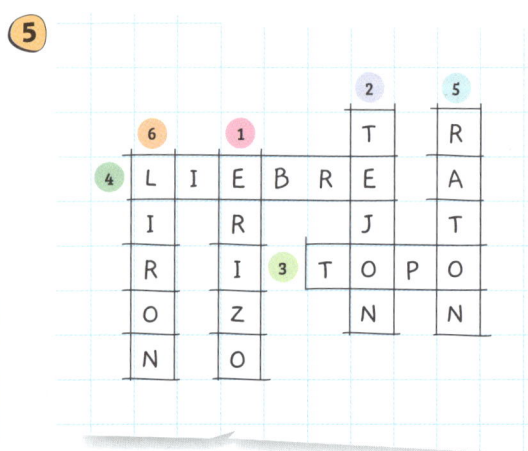

46

Animales de la montaña

Animales acuáticos

1

Es la **gallina**.

2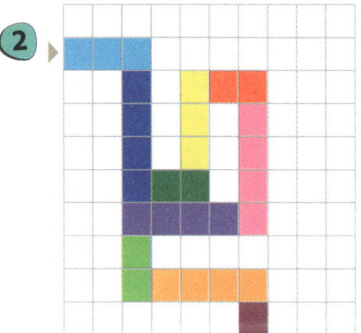

3 Soy **prudente**.

4

5

1  Construyo diques. Soy el **castor**.

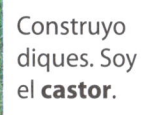

 Como peces. Soy la **nutria**.

 Tengo los dientes de color naranja y la cola estrecha. Soy el **coipo**.

2 Me encantan las **babosas**.

3

4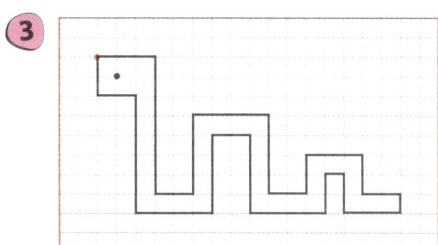

En la misma colección

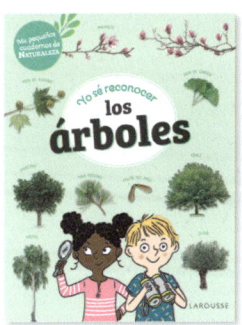
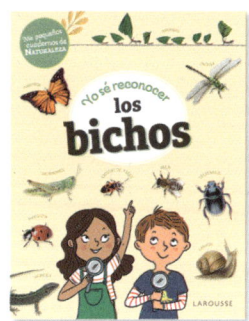

EDICIÓN ORIGINAL
Dirección de la publicación: Sophie Chanourdie
Responsable editorial: Laurence Lesbre
Cubierta: Mélissa Chalot
Creación gráfica: Anne-Danielle Naname
Créditos fotográficos: www.shutterstock.com
Sonidos: estudio e-magine y Museo Nacional
de Historia Natural de Francia

EDICIÓN EN ESPAÑOL
Dirección editorial: Jordi Induráin Pons
Edición: Emili López Tossas
Traducción: Jordi Font Barris
Corrección: Àngels Olivera Cabezón
Maquetación, adaptación de la cubierta y preimpresión:
José M.ª Díaz de Mendívil Pérez

© Éditions Larousse, 2022
© LAROUSSE EDITORIAL, S. L., 2024
Bac de Roda, 64, 1.ª planta, local B, 08019 Barcelona
www.larousse.es - clientes@grupoanaya.com

Primera edición: marzo 2024
ISBN: 978-84-19739-72-8
Depósito legal: B-21313-2023
1E1I

PAPEL DE FIBRA
CERTIFICADA